AF200920

Impressum
Verlag: BABADADA GmbH, Nedderfeld 112 , 22529 Hamburg
Geschäftsführer / Verlagsleitung: Harald Hof
Druck: Books on Demand GmbH, In de Tarpen 42, 22848 Norderstedt

Imprint
Publisher: BABADADA GmbH, Nedderfeld 112 , 22529 Hamburg, Germany
Managing Director / Publishing direction: Harald Hof
Print: Books on Demand GmbH, In de Tarpen 42, 22848 Norderstedt, Germany

escola
escuela

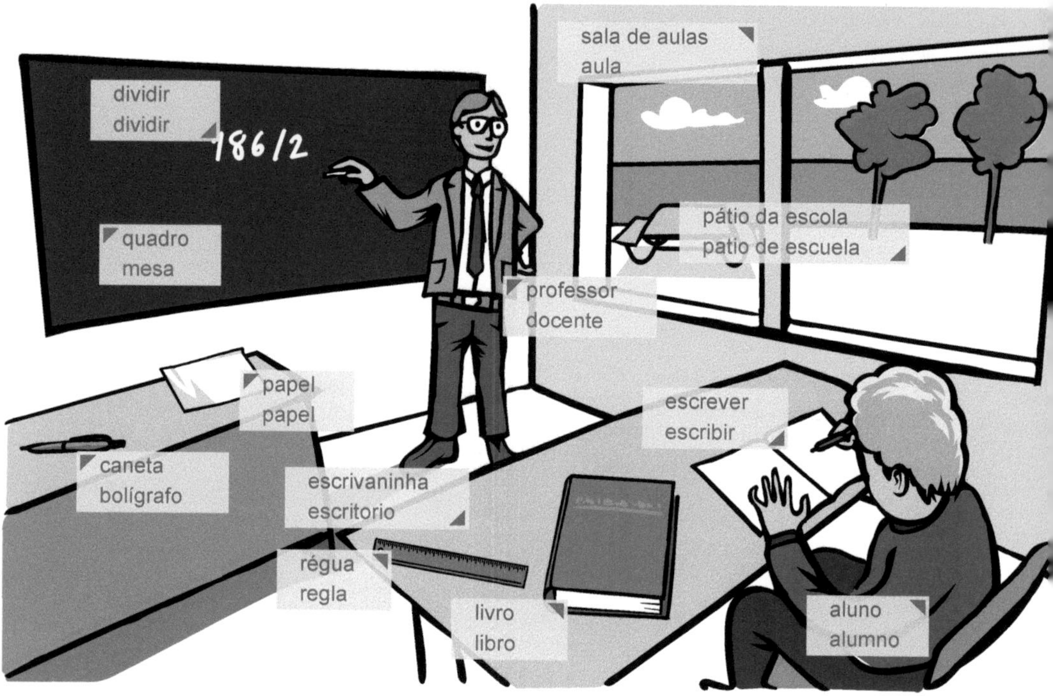

sala de aulas
aula
dividir
dividir
186/2
quadro
mesa
pátio da escola
patio de escuela
professor
docente
papel
papel
escrever
escribir
caneta
bolígrafo
escrivaninha
escritorio
régua
regla
livro
libro
aluno
alumno

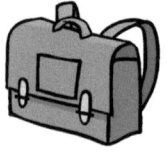

sacola
mochila escolar

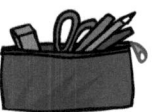

estojo de lápis
caja de lápices

lápis
lápiz

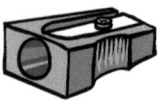

apontador de lápis
sacapuntas

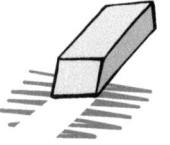

borracha
goma de borrar

bloco de desenho
bloc de dibujo

desenho
dibujo

pincel
pincel

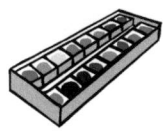

estojo de tintas
caja de pinturas

tesoura
tijera

cola
pegamento

livro de exercícios
libro de ejercicios

lição de casa
tarea

número
número

2+2

somar
sumar

subtrair
restar

multiplicar
multiplicar

calcular
calcular

A

letra
letra

alfabeto
alfabeto

palavra
palabra

texto
texto

ler
leer

giz
tiza

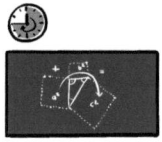

hora
lección

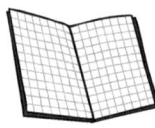

registro da classe
libro de clase

exame
examen

certificado
certificado

uniforme escolar
uniforme escolar

educação
educación

enciclopédia
enciclopedia

universidade
universidad

microscópio
microscopio

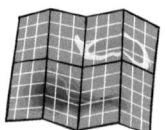

mapa
mapa

cesto de lixo
cesto de papeles

viagem
viaje

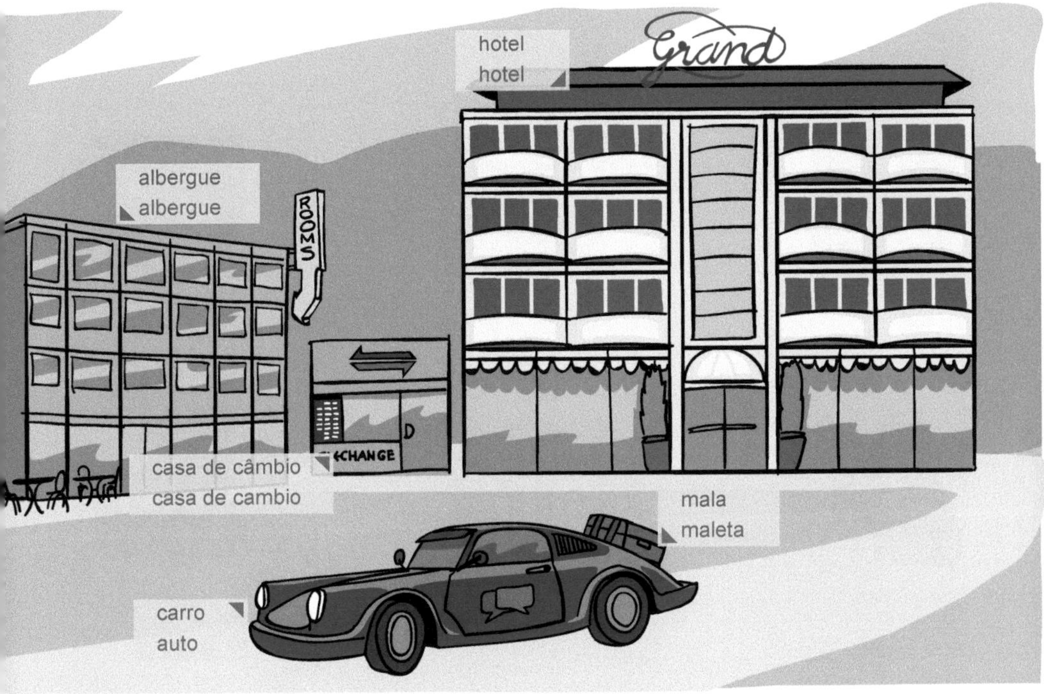

hotel
hotel
Grand
albergue
albergue
ROOMS
EXCHANGE
casa de câmbio
casa de cambio
mala
maleta
carro
auto

idioma

idioma

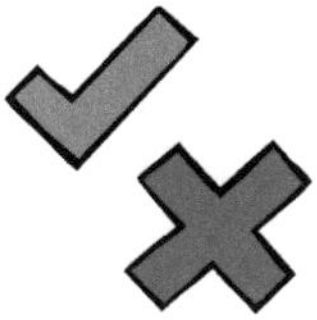

sim / não

sí / no

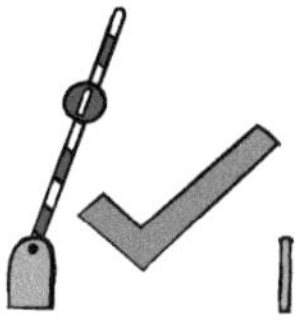

ok

ok

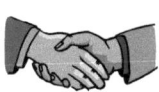

Olá

hola

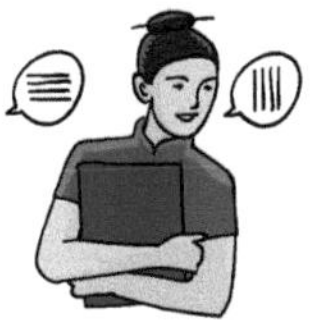

tradutor

intérprete

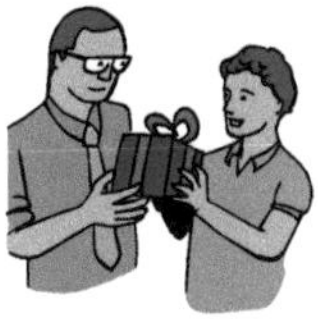

obrigado

gracias

quanto custa...?

¿Cuánto cuesta...?

eu não entendo

No entiendo

problema

problema

boa noite!

¡Buenas tardes!

Bom dia!

¡Buenos días!

Boa noite!

¡Buenas noches!

até logo

adiós

direção

dirección

bagagem

equipaje

bolsa

bolso

mochila

mochila

convidado

invitado

quarto

cuarto

saco de dormir

saco de dormir

barraca

tienda de campaña

informação turística
información al turista

praia
playa

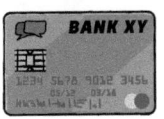

cartão de crédito
tarjeta de crédito

café da manhã
desayuno

almoço
almuerzo

jantar
cena

bilhete
pasaje

elevador
ascensor

selo
sello

fronteira
límite

alfândega
aduana

embaixada
embajada

visto
visa

passaporte
pasaporte

transprte

transporte

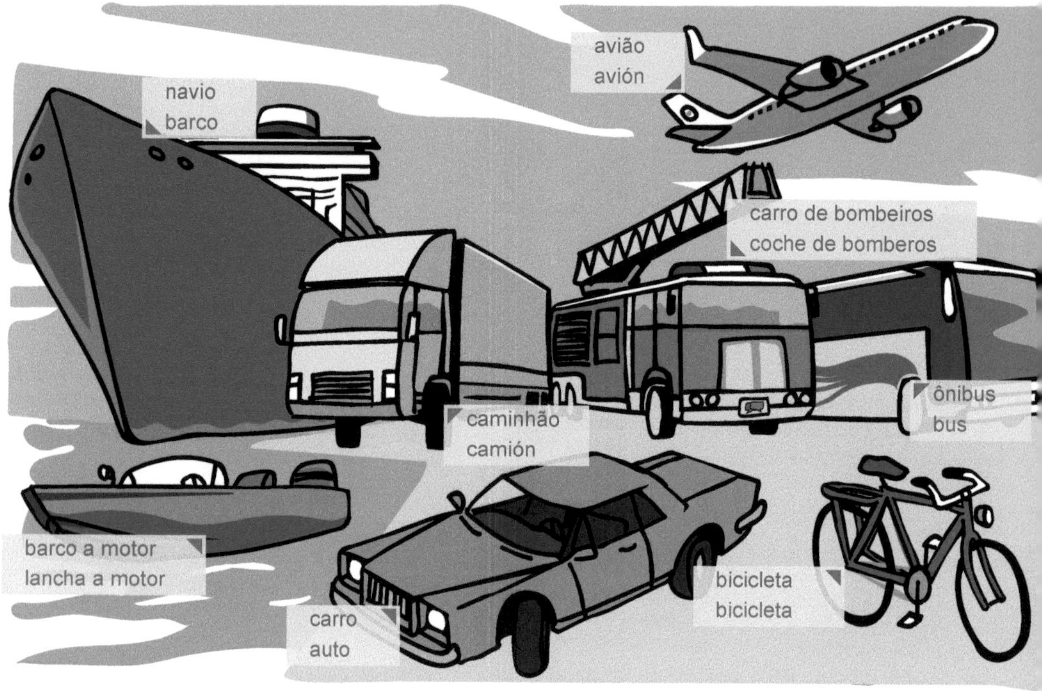

avião
avión
navio
barco
carro de bombeiros
coche de bomberos
ônibus
bus
caminhão
camión
barco a motor
lancha a motor
bicicleta
bicicleta
carro
auto

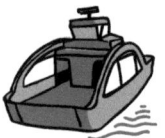

balsa

balsa

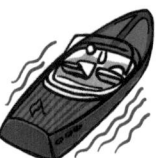

barco

lancha

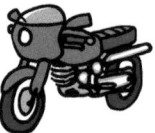

motocicleta

motocicleta

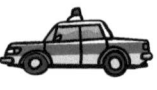

veículo policial

auto de policía

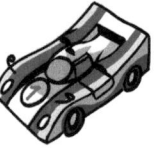

carro de corrida

auto de carreras

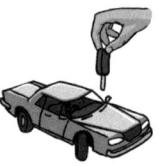

carro de aluguel

auto de alquiler

compartilhamento de automóvel
alquiler de autos

caminhão de reboque
grúa

caminhão de lixo
vehículo recolector de basura

motor
motor

combustível
gasolina

posto de gasolina
gasolinera

placa de trânsito
señal de tráfico

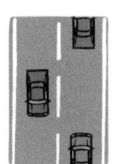

trânsito
tránsito

trânsito lento
atasco

estacionamento
estacionamiento

estação de trem
estación de tren

trilhos
carril

trem
tren

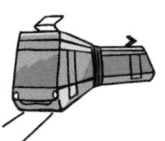

bonde
tranvía

vagão
vagón

helicóptero
helicóptero

aeroporto
aeropuerto

torre
torre

passageiro
pasajero

contêiner
contenedor

cartolina
caja de cartón

carroça
carro

cesto
cesta

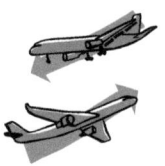

decolar / pousar
despegar / aterrizar

cidade
ciudad

vilarejo
aldea

centro da cidade
centro de la ciudad

casa
casa

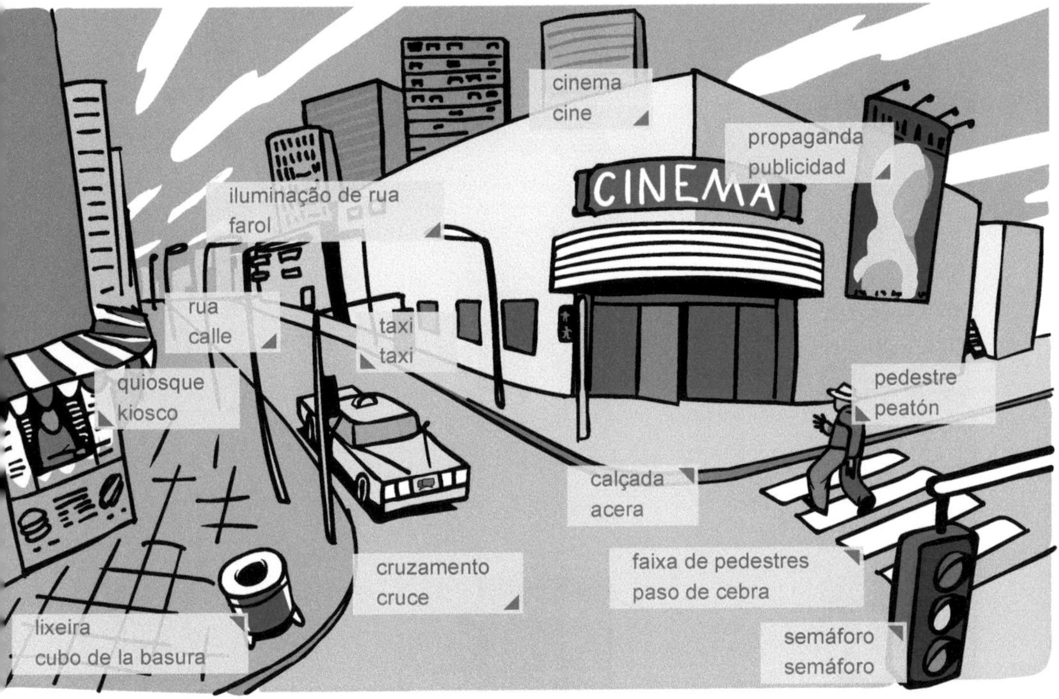

cinema
cine

propaganda
publicidad

CINEMA

iluminação de rua
farol

rua
calle

taxi
taxi

quiosque
kiosco

pedestre
peatón

calçada
acera

cruzamento
cruce

faixa de pedestres
paso de cebra

lixeira
cubo de la basura

semáforo
semáforo

cabana
cabaña

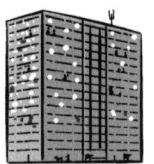

apartamento
apartamento

estação de trem
estación de tren

prefeitura
ayuntamiento

museu
museo

escola
escuela

universidade

universidad

banco

banco

hospital

hospital

hotel

hotel

farmácia

farmacia

escritório

oficina

livraria

librería

loja

negocio

floricultura

florería

supermercado

supermercado

mercado

mercado

loja de departamentos

grandes almacenes

peixaria

pescadería

centro comercial

centro comercial

porto

puerto

parque
parque

banco
banco

ponte
puente

escadas
escalera

metrô
metro

túnel
túnel

ponto de ônibus
parada de autobuses

bar
bar

restaurante
restaurante

aixa de correspondência
buzón de correo

placa de rua
letrero

parquímetro
parquímetro

zoológico
zoológico

piscina
piscina

mesquita
mezquita

cidade - ciudad

fazenda
granja

poluição
polución

cemitério
cementerio

igreja
iglesia

parquinho
parque infantil

templo
templo

paisagem
paisaje

folha
hoja

placa de sinalização
indicador de camino

caminho
sendero

gramado
pradera

pedra
piedra

caminhantes
caminante

árvore
árbol

rio
río

grama
pasto

flor
flor

vale
valle

montanha
montaña

lago
lago

floresta
bosque

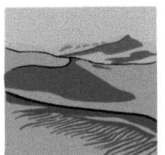

deserto
desierto

vulcão
volcán

castelo
castillo

arco-íris
arco iris

cogumelo
seta

palmeira
palmera

mosquito
mosquito

mosca
mosca

formiga
hormiga

abelha
abeja

aranha
araña

besouro

escarabajo

sapo

rana

esquilo

ardilla

ouriço

erizo

lebre

liebre

coruja

lechuza

pássaro

pájaro

cisne

cisne

javali

jabalí

veado

ciervo

alce

alce

barragem

embalse

aerogerador

aerogenerador

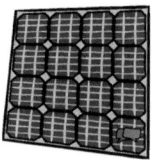

painel solar

módulo solar

clima

clima

restaurante
restaurante

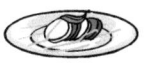

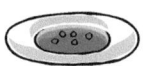

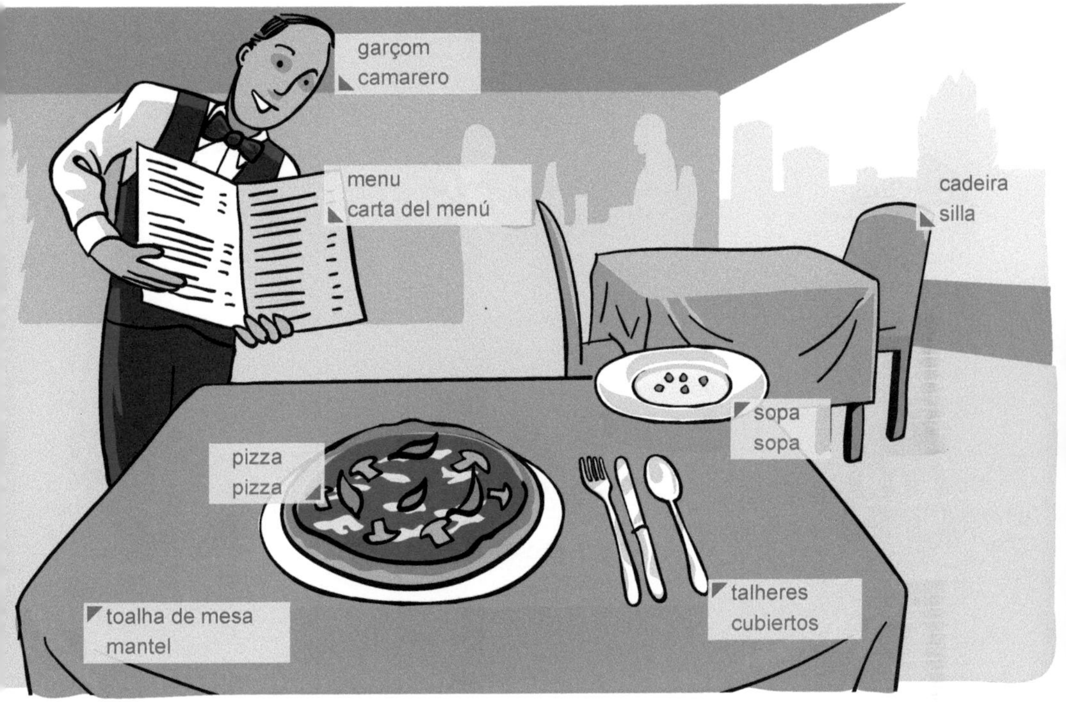
garçom
camarero
menu
carta del menú
cadeira
silla
sopa
sopa
pizza
pizza
toalha de mesa
mantel
talheres
cubiertos

entrada
entrada

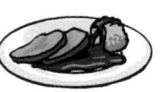

prato principal
plato principal

sobremesa
postre

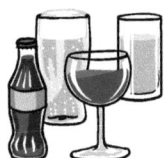

bebidas
bebida

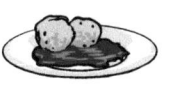

comida
comida

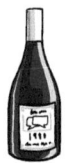

garrafa
botella

fastfood

comida rápida

comida de rua

comida callejera

bule de chá

tetera

açucareiro

azucarera

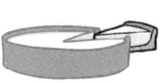

porção

porción

máquina de expresso

máquina de espresso

cadeirão

silla alta

conta

factura

bandeja

bandeja

faca

cuchillo

garfo

tenedor

colher

cuchara

colher de chá

cuchara de té

guardanapo

servilleta

copo

vaso

prato
plato

prato de sopa
plato de sopa

pires
platillo

molho
salsa

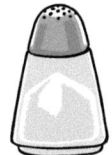

saleiro
salero

moedor de pimenta
molinillo para pimienta

vinagre
vinagre

óleo
aceite

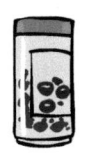

especiarias
especias

ketchup
ketchup

mostarda
mostaza

maionese
mayonesa

supermercado
supermercado

oferta especial
oferta
FOR
cliente
cliente
laticínios
productos lácteos
frutas
fruta
carrinho de compras
carrito de compras

BUTCHERS

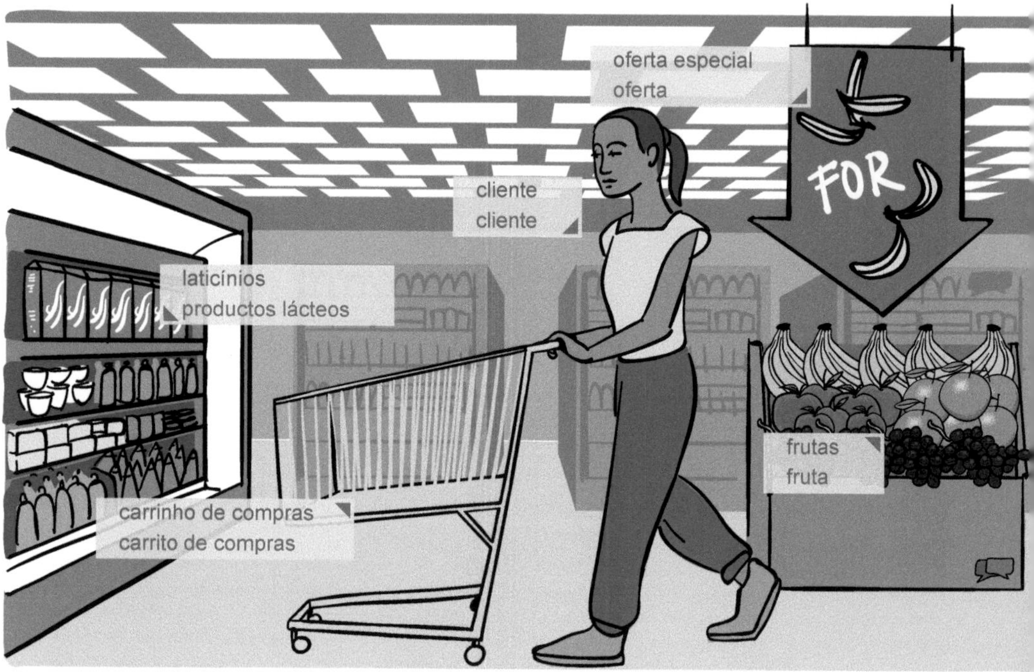

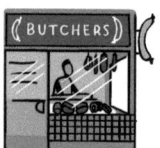

açougue
carnicería

BAKERY

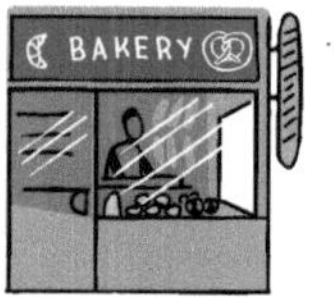

padaria
panadería

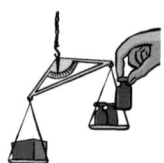

pesar
pesar

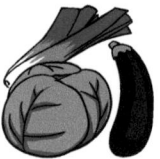

legumes
verdura

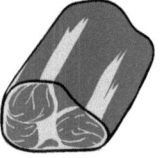

carne
carne

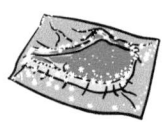

congelados
alimentos congelados

charcutaria

fiambre

conservas

conservas

detergente em pó

detergente en polvo

doces

dulces

artigos domésticos

artículos domésticos

produtos de limpeza

productos de limpieza

vendedora

vendedora

caixa

caja

caixa

cajero

lista de compras

lista de compras

horário de funcionamento

horario de atención

carteira

cartera

cartão de crédito

tarjeta de crédito

sacola

maleta

saco plástico

bolsa plástica

água
agua

suco
jugo

leite
leche

coca-cola
refresco de cola

vinho
vino

cerveja
cerveza

álcool
alcohol

cacau
cacao

chá
té

café
café

expresso
espresso

cappuccino
cappuccino

banana

banana

maçã

manzana

laranja

naranja

melão

sandía

limão

limón

cenoura

zanahoria

alho

ajo

bambu

bambú

cebola

cebolla

cogumelo

seta

nozes

nueces

macarrão

fideos

espaguete

espagueti

arroz

arroz

salada

ensalada

batatas fritas

patatas fritas

batatas frias

patatas salteadas

pizza

pizza

hambúrger

hamburguesa

sanduíche

sándwich

escalope

escalope

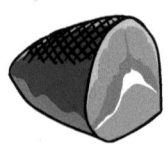

presunto

jamón

salame

salame

salsicha

embutido

galinha

pollo

assado

asado

peixe

pescado

flocos de aveia

copos de avena

granola

musli

flocos de milho

copos de maíz tostado

farinha

harina

croissant

croissant

pãozinho

panecillo

pão

pan

torrada

tostada

biscoitos

galletas

manteiga

mantequilla

requeijão

cuajada

bolo

pastel

ovo

huevo

ovo frito

huevo frito

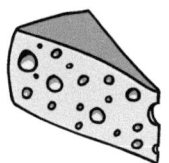

queijo

queso

sorvete

helado

açúcar

azúcar

mel

miel

geleia

mermelada

creme de avelãs

praliné

curry

curry

comida - comida

fazenda
granja

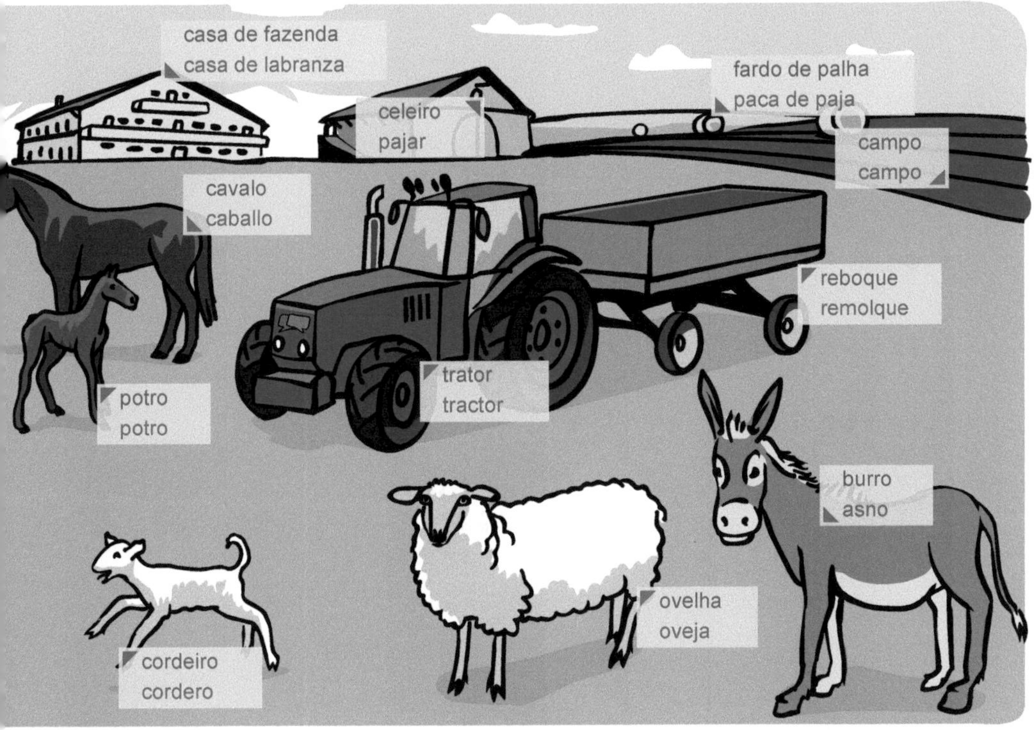
casa de fazenda
casa de labranza
celeiro
pajar
fardo de palha
paca de paja
campo
campo
cavalo
caballo
reboque
remolque
trator
tractor
potro
potro
burro
asno
ovelha
oveja
cordeiro
cordero

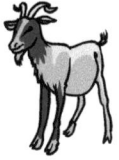

cabra

cabra

vaca

vaca

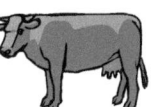

bezerro

ternero

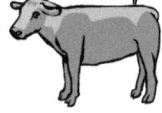

porco

cerdo

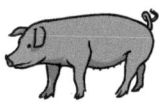

leitão

lechón

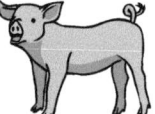

touro

toro

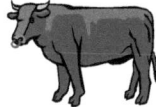

ganso
ganso

pato
pato

pintinho
polluelo

galinha
pollo

galo
gallo

ratazana
rata

gato
gato

camundongo
ratón

boi
buey

cachorro
perro

casinha do cachorro
caseta del perro

mangueira de jardim
manguera de riego

regador
regadera

foice
guadaña

arado
arado

foice
hoz

enxada
azada

forquilha
bieldo

machado
hacha

carrinho de mão
carretilla

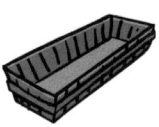

manjedoura
abrevadero

jarra de leite
lechera

saco
saco

cerca
cerca

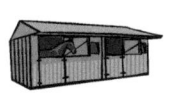

estábulo
establo

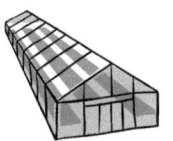

estufa
invernadero

solo
suelo

semente
semilla

fertilizante
fertilizante

colheitadeira
cosechadora

colher
....
cosechar

colheita
....
cosecha

inhame
....
raíz de ñame

trigo
....
trigo

soja
....
soja

batata
....
patata

milho
....
maíz

colza
....
colza

árvore frutífera
....
Árbol frutal

mandioca
....
mandioca

cereais
....
cereales

casa
casa

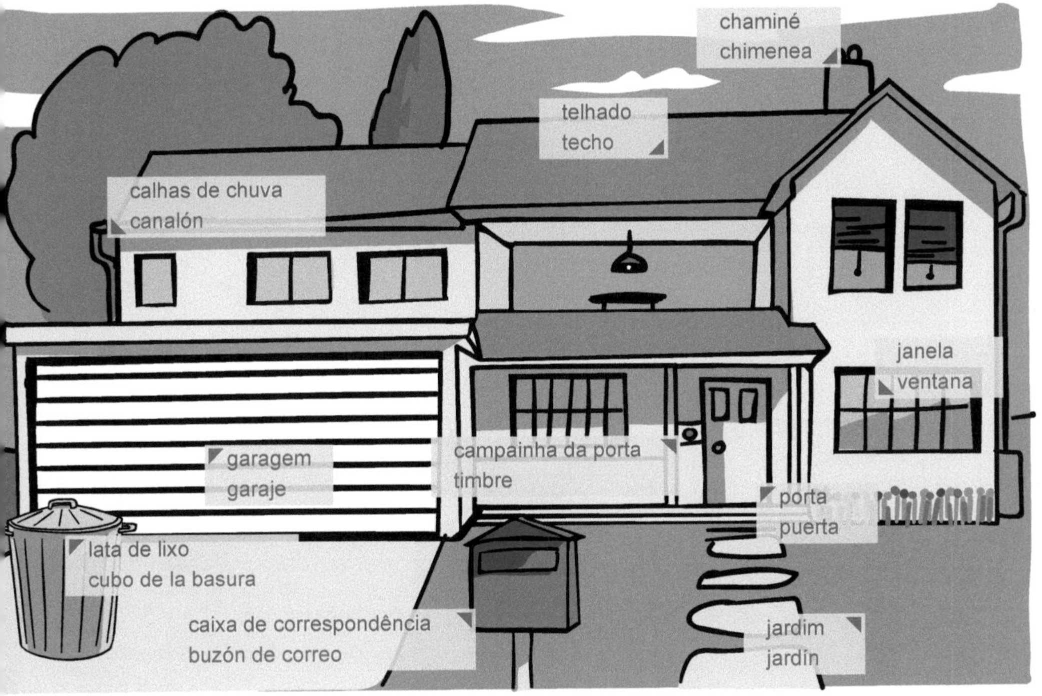
chaminé
chimenea
telhado
techo
calhas de chuva
canalón
janela
ventana
garagem
garaje
campainha da porta
timbre
porta
puerta
lata de lixo
cubo de la basura
caixa de correspondência
buzón de correo
jardim
jardín

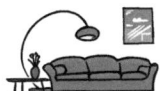

sala de estar

cuarto de estar

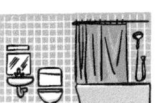

banheiro

cuarto de baño

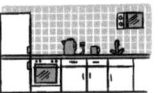

cozinha

cocina

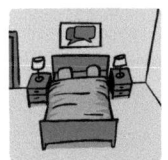

quarto de dormir

dormitorio

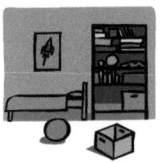

quarto de criança

cuarto de los niños

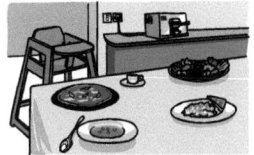

sala de jantar

comedor

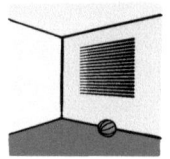

chão
piso

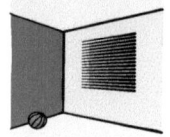

parede
pared

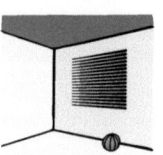

teto
cielorraso

porão
sótano

sauna
sauna

varanda
balcón

terraço
terraza

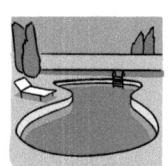

piscina
piscina

cortador de grama
cortacésped

lençol
funda nórdica

coberta
edredón

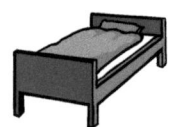

cama
cama

vassoura
escoba

balde
cubo

interruptor
interruptor

sala de estar
cuarto de estar

papel de parede
papel para empapelar
quadro
imagen
lâmpada
lámpara
prateleira
estante
armário
gabinete
televisão
televisor
lareira
hogar
flor
flor
travesseiro
cojín
sofá
sofá
vaso
florero
controle remoto
control remoto

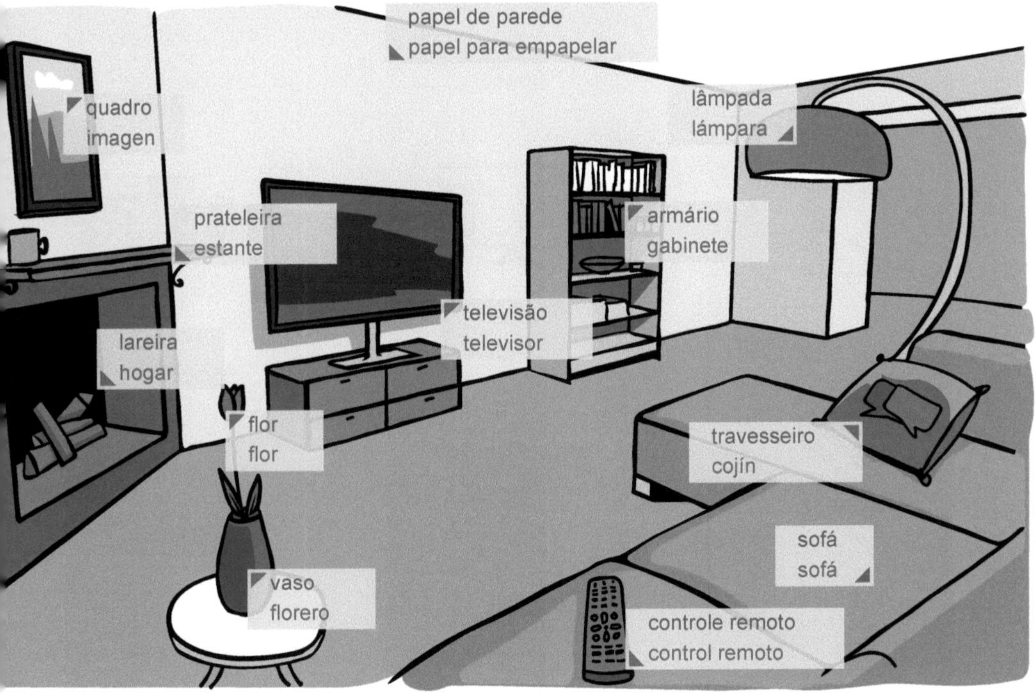

tapete
alfombra

cortina
cortina

mesa
mesa

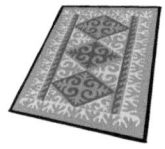

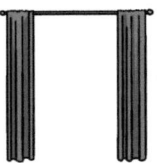

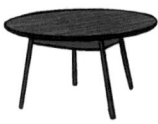

cadeira
silla

cadeira de balanço
mecedora

poltrona
sillón

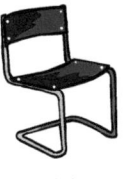

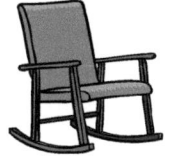

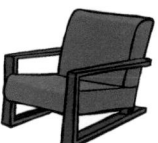

livro
libro

cobertor
frazada

decoração
decoración

lenha
leña

filme
film

equipamento de som
equipo estereofónico

chave
llave

jornal
periódico

pintura
cuadro

pôster
póster

rádio
radio

bloco de notas
bloc de notas

aspirador
aspiradora

cacto
cactus

vela
vela

cozinha
cocina

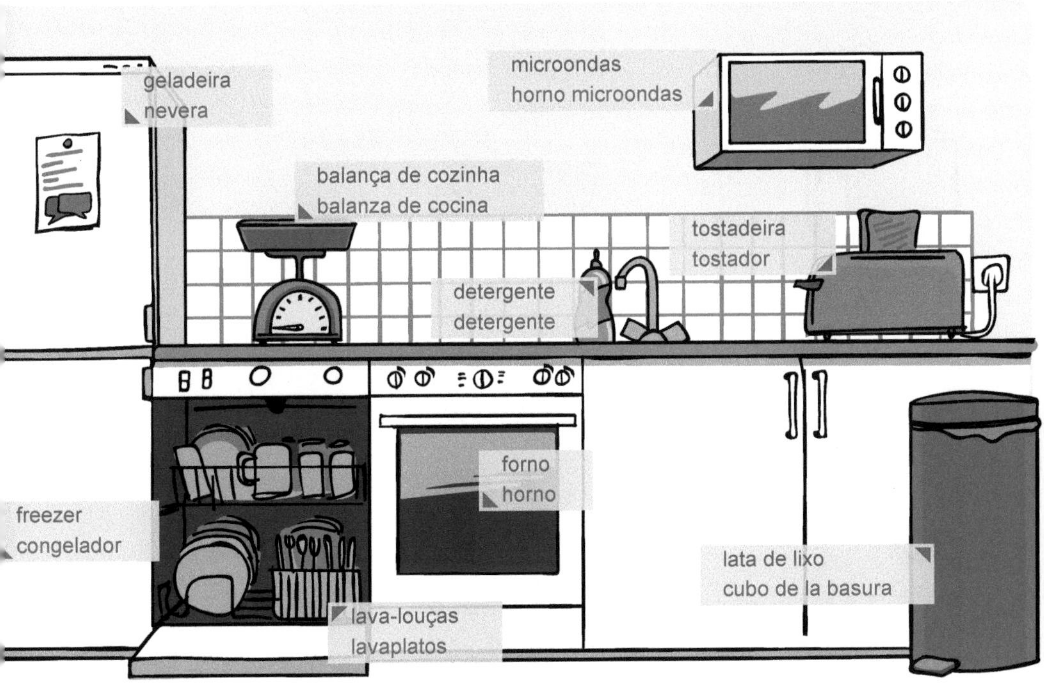

geladeira
nevera
microondas
horno microondas
balança de cozinha
balanza de cocina
tostadeira
tostador
detergente
detergente
forno
horno
freezer
congelador
lata de lixo
cubo de la basura
lava-louças
lavaplatos

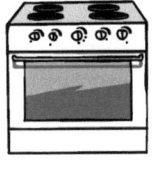

fogão

cocina

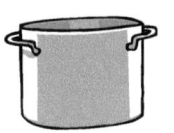

panela

olla

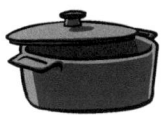

panela de ferro

olla de fundición de hierro

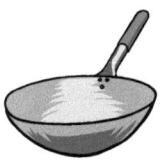

wok / kadai

wok / kadai

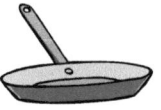

frigideira

sartén

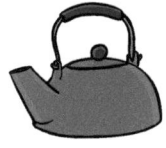

chaleira

hervidor de agua

panela a vapor

olla de vapor

tabuleiro de forno

bandeja de horno

louça

vajilla

caneca

vaso

caçarola

bol

hashi

palillos para comer

concha de sopa

cucharón de sopa

espátula

espátula

batedor

batidor

escorredor

colador

peneira

cedazo

ralador

rallador

almofariz

mortero

churrasqueira

parrillada

lareira

fogata

tábua de cortar

tabla de picar

rolo da massa

rodillo

saca-rolhas

sacacorchos

lata

lata

abridor de latas

abrelatas

pegador de panela

agarrador

pia

fregadero

escova

cepillo

esponja

esponja

liquidificador

batidora

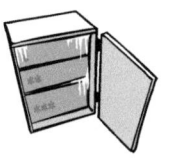

congelador

arcón congelador

mamadeira

biberón

torneira

grifo

banheiro

cuarto de baño

aquecimento
calefacción
ducha
ducha
toalha
toalla
cortina de chuveiro
cortina para ducha
banho de espuma
baño de espuma
banheira
bañera
copo
vaso
lava-roupa
lavadora
torneira
grifo
azulejos
baldosa
penico
orinal
pia
fregadero

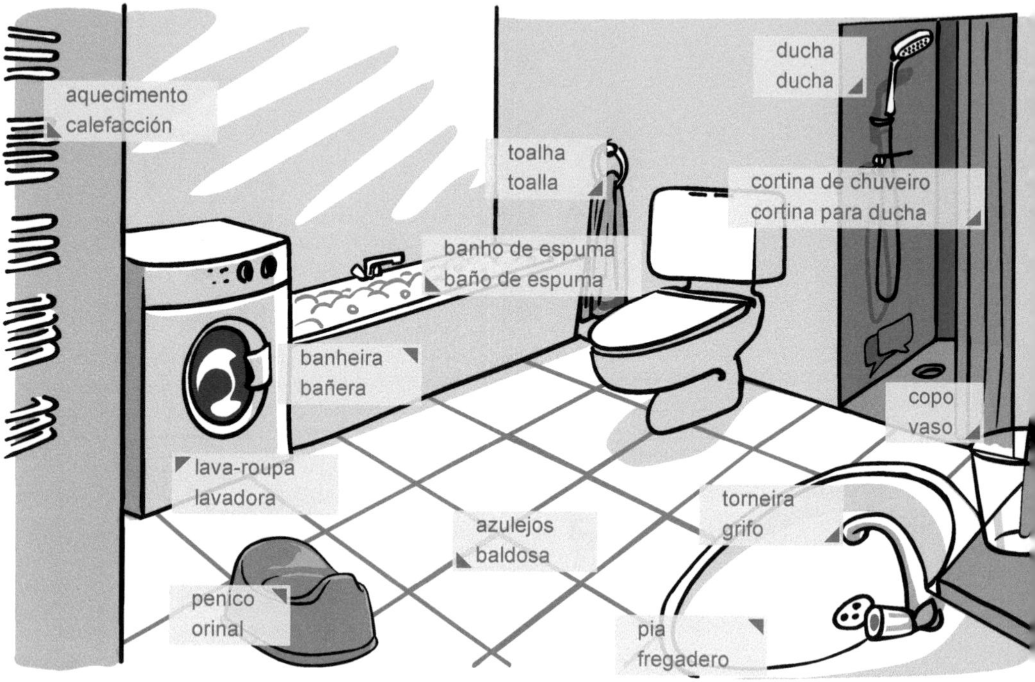

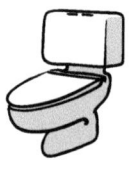

vaso sanitário

cuarto de baño

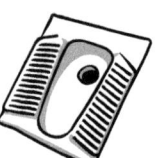

lavabo de agachar

placa turca

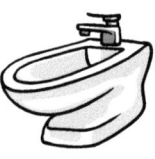

bidê

bidé

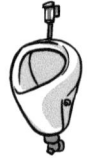

mictório

urinario

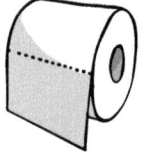

papel higiênico

papel higiénico

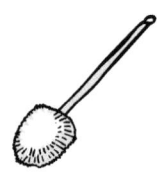

escova de privada

escobilla para el cuarto de baño

escova de dentes

cepillo de dientes

pasta de dentes

pasta dentífrica

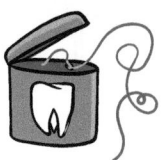

fio dental

seda dental

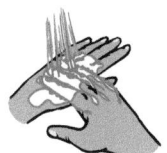

lavar

lavar

ducha de mão

ducha teléfono

ducha íntima

ducha higiénica

bacia

cuenco

escova para as costas

cepillo para la espalda

sabonete

jabón

gel de banho

gel de ducha

xampu

champú

toalha de rosto

manopla para baño

escoamento

desagüe

creme

crema

desodorante

desodorante

espelho
espejo

espelho de mão
espejo de maquillaje

barbeador
máquina de afeitar

espuma de barbear
espuma de afeitar

loção pós-barba
loción para después del afeitado

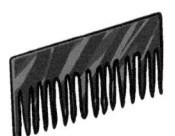

pente
peine

escova
cepillo

secador de cabelo
secador para cabello

spray de cabelo
laca de peinado

maquiagem
maquillaje

batom
lápiz labial

esmalte de unhas
laca para uñas

algodão
algodón

tesoura para unhas
tijera para uñas

perfume
perfume

nécessaire
....
neceser

banquinho
....
taburete

balança
....
balanza

roupão de banho
....
bata de baño

luvas de borracha
....
guantes de goma

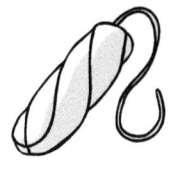

absorvente interno
....
tampón

absorvente íntimo
....
compresa

banheiro químico
....
wáter químico

quarto de criança
cuarto de los niños

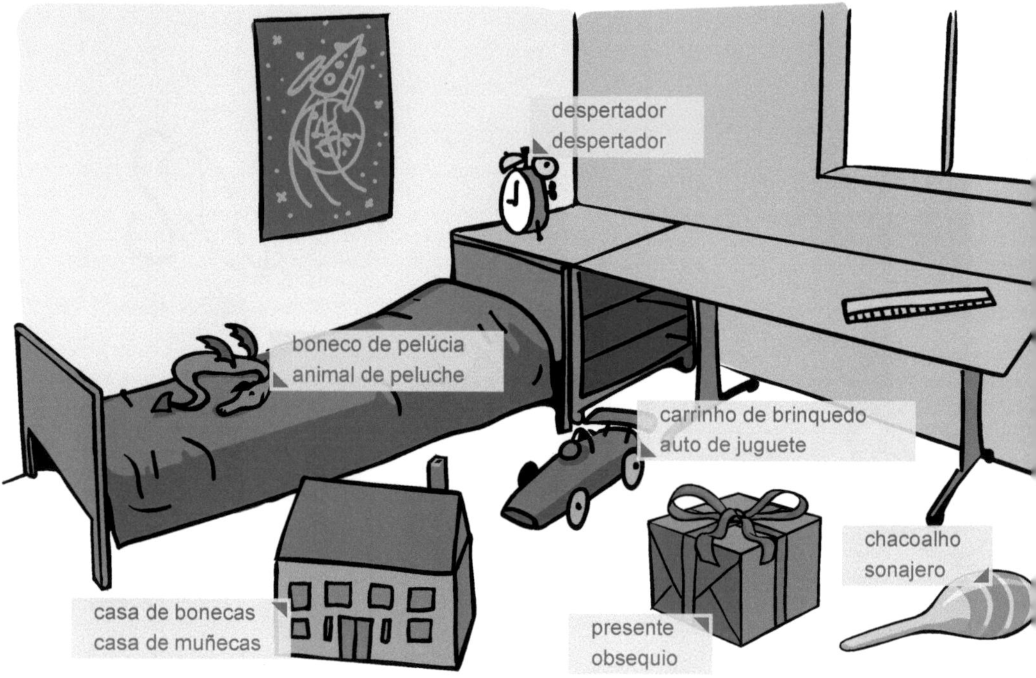
despertador
despertador
boneco de pelúcia
animal de peluche
carrinho de brinquedo
auto de juguete
chacoalho
sonajero
casa de bonecas
casa de muñecas
presente
obsequio

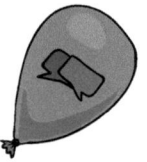

balão

globo

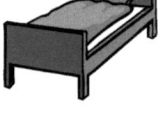

cama

cama

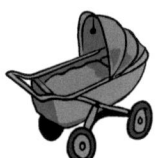

carrinho de bebê

cochecito para niños

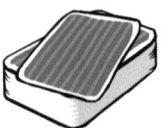

jogo de cartas

juego de barajas

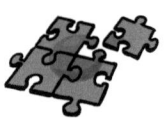

quebra-cabeças

rompecabezas

SUPER
MEGA

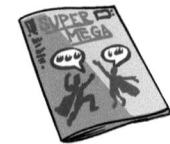

revista de quadrinhos

cómic

peças de Lego
piezas de Lego

blocos de construção
bloques para jugar

figura de ação
figura de acción

macaquinho de bebê
pijama de una pieza

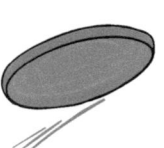

frisbee
frisbee

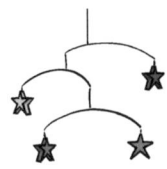

móbile para bebé
móvil

jogo de tabuleiro
juego de mesa

dados
dado

trenzinho elétrico
tren eléctrico a escala

chupeta
chupete

festa
fiesta

livro ilustrado
libro de dibujos

bola
pelota

boneca
títere

brincar
jugar

caixa de areia

arenero

balanço

columpio

brinquedos

juguetes

videogame

consola de videojuego

triciclo

triciclo

ursinho de pelúcia

osito de peluche

guarda-roupa

guardarropa

vestuário

vestimenta

meias

calcetines

meias pelo joelho

medias

meias-calças

panti

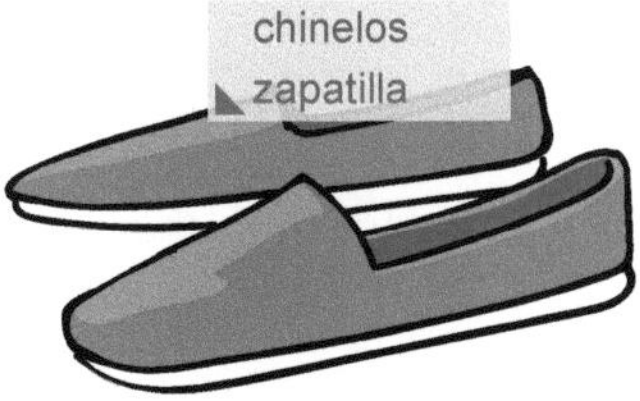

cachecol
chal

guarda-chuva
paraguas

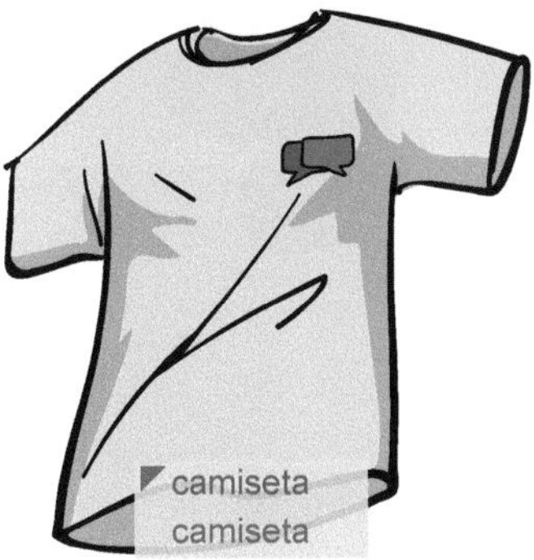

cinto
cinturón

camiseta
camiseta

botas
botas

chinelos
zapatilla

tênis
deportivas

sandálias
....
sandalias

sapatos
....
zapatos

botas de borracha
....
botas de goma

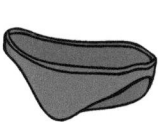

roupa de baixo
....
ropa interior

sutiã
....
corpiño

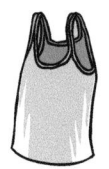

camiseta de baixo
....
camiseta

body
body

calças
pantalón

jeans
jeans

saia
falda

blusa
blusa

camisa
camisa

pulôver
pullover

suéter com capuz
sweater

blazer
blazer

jaqueta
chaqueta

casaco
abrigo

gabardine
impermeable

traje
traje chaqueta

vestido
vestido

vestido de casamento
vestido de bodas

vestuário - vestimenta

terno
traje

camisola
camisón

pijama
pijama

sari
sari

lenço de cabeça
pañuelo de cabeza

turbante
turbante

burca
burka

cafetã
caftán

abaya
abaya

maiô
traje de baño

sunga
bañador

shorts
shorts

roupa de treino
chándal

avental
delantal

luvas
guante

botão
botón

óculos
gafa

pulseira
brazalete

colar
cadena

anel
anillo

brinco
aro

boné
gorra

cabide
percha

chapéu
sombrero

gravata
corbata

zíper
cierre a cremallera

capacete
casco

suspensórios
tiradores

uniforme escolar
uniforme escolar

uniforme
uniforme

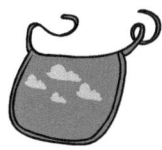

babador

babero

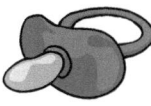

chupeta

chupete

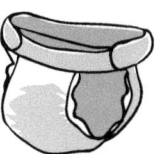

fralda

pañal

escritório
oficina

servidor
servidor
armário de arquivos
archivador
impressora
impresora
papel
papel
monitor
monitor
mouse
ratón
escrivaninha
escritorio
pasta
carpeta
teclado
teclado
cadeira
silla
cesto de lixo
cesto de papeles
computador
ordenador

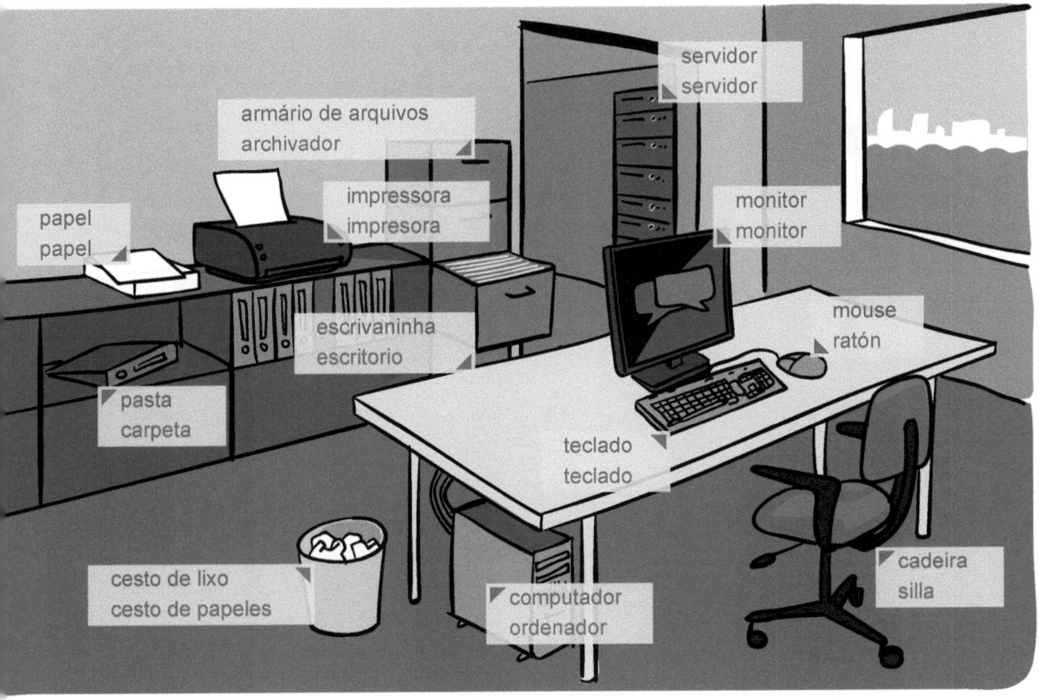

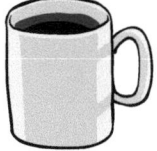

xícara de café

taza de café

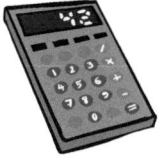

calculadora

calculadora

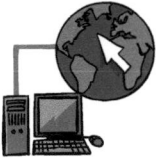

internet

internet

laptop

laptop

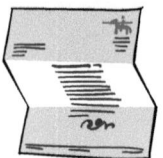

carta

carta

mensagem

mensaje

celular

teléfono móvil

rede

red

copiadora

fotocopiadora

software

software

telefone

teléfono

tomada

tomacorriente

fax

máquina de fax

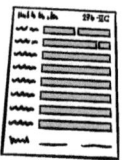

formulário

formulario

documento

documento

comprar

comprar

pagar

pagar

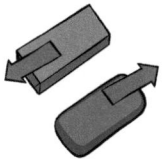

negociar

comerciar

dinheiro

dinero

USD

Dólar

dólar

EUR

Euro

euro

JPY

Yen

yen

RUB

rublo

rublo

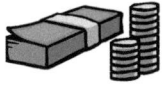

CHF

franco suíço

franco

CNY

renminbi yuan

renminbi

INR

rupia

rupia

caixa eletrônico

cajero automático

casa de câmbio

casa de cambio

ouro

oro

prata

plata

petróleo

petróleo

energia

energía

preço

precio

contrato

contrato

imposto

impuesto

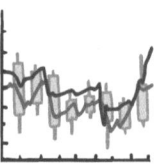

ação

acción

trabalhar

trabajar

empregado

empleado

empregador

empleador

fábrica

fábrica

loja

negocio

economia - economía

profissões
ocupaciones

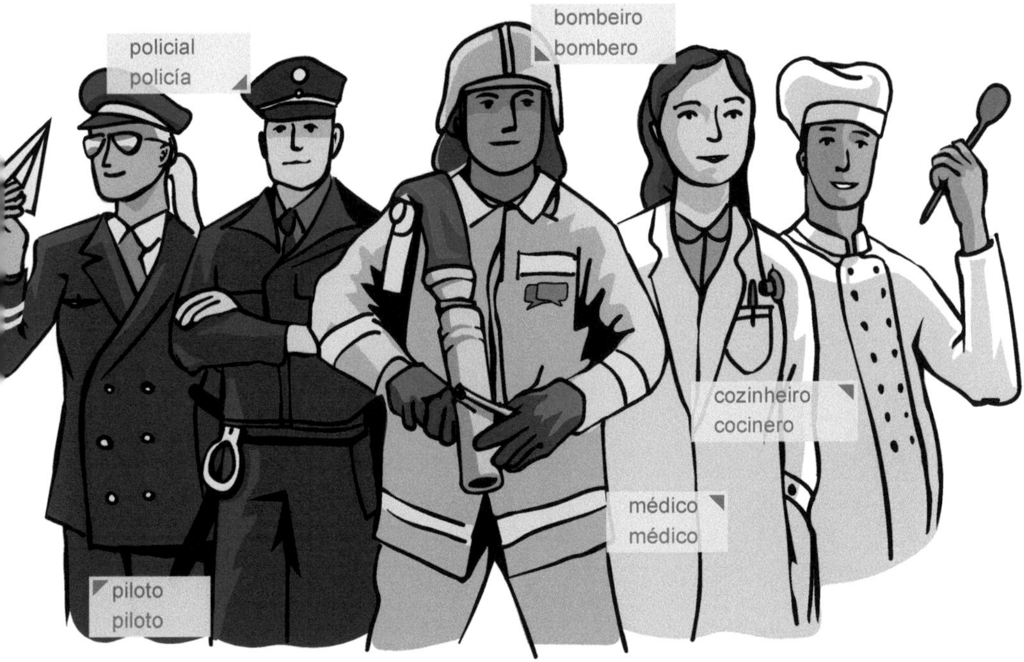
policial
policía
bombeiro
bombero
cozinheiro
cocinero
médico
médico
piloto
piloto

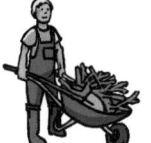

jardineiro

jardinero

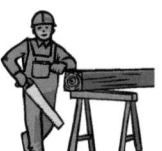

marceneiro

carpintero

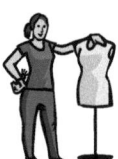

costureira

costurera

juiz

juez

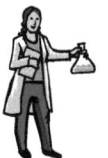

químico

químico

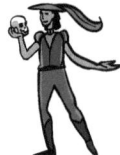

ator

actor

motorista de ônibus

conductor de autobús

motorista de táxi

taxista

pescador

pescador

faxineira

mujer de la limpieza

telhador

techista

garçom

camarero

caçador

cazador

pintor

pintor

padeiro

panadero

eletricista

electricista

construtor

albañil

engenheiro

ingeniero

açougueiro

carnicero

encanador

fontanero

carteiro

cartero

soldado
soldado

arquiteto
arquitecto

caixa
cajero

florista
florista

cabelereiro
peluquero

condutor
cobrador

mecânico
mecánico

capitão
capitán

dentista
odontólogo

cientista
científico

rabino
rabino

imam
imam

monge
monje

pastor
párroco

ferramentas
herramientas

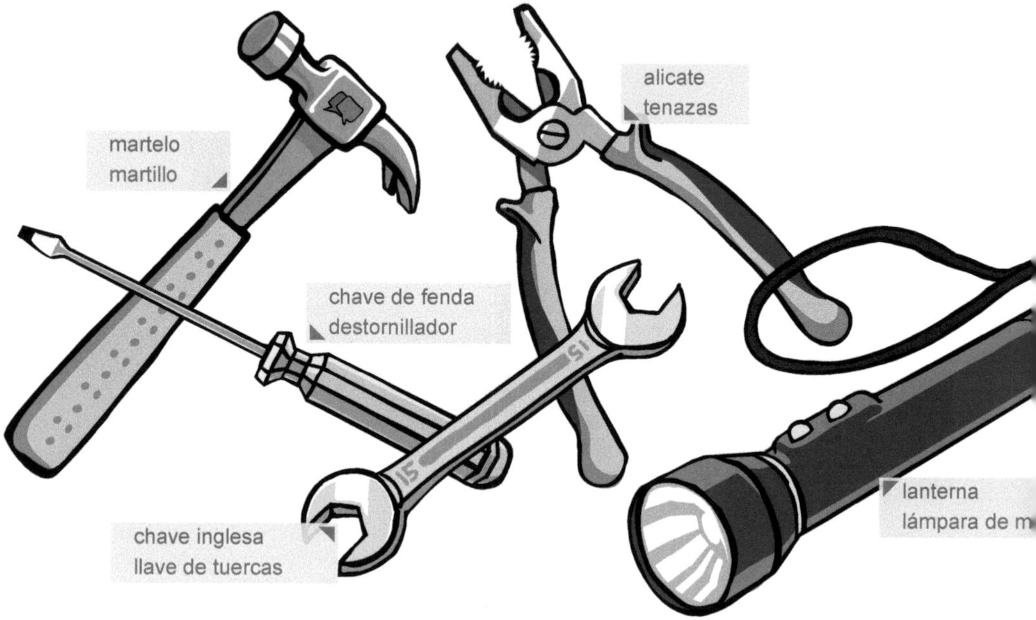
martelo
martillo
alicate
tenazas
chave de fenda
destornillador
chave inglesa
llave de tuercas
lanterna
lámpara de m

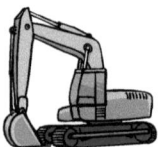

escavadora
excavadora

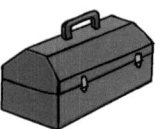

caixa de ferramentas
caja de herramientas

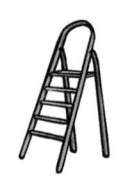

escada de mão
escalerilla

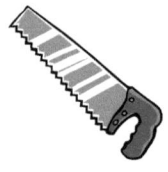

serra
serrucho

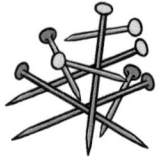

pregos
clavos

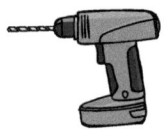

furadeira
taladro

consertar
....
reparar

pá
....
pala

Droga!
....
¡Maldición!

pá de lixo
....
recogedor

pote de tinta
....
lata de pintura

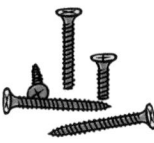

parafusos
....
tornillos

instrumentos musicais
instrumentos musicales

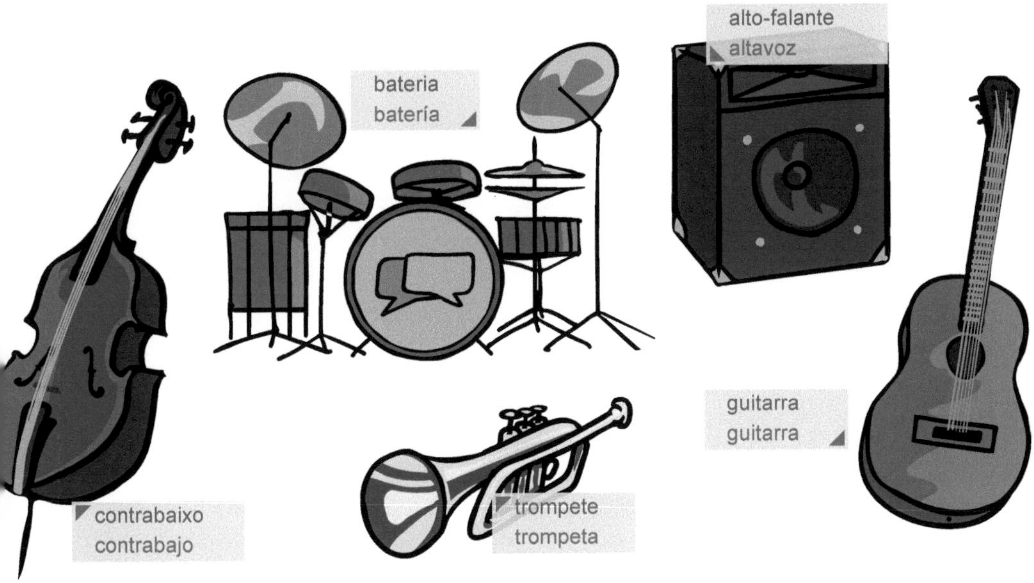

bateria
batería

alto-falante
altavoz

guitarra
guitarra

contrabaixo
contrabajo

trompete
trompeta

piano
piano

violino
violín

baixo
bajo

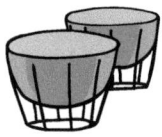

timbales
timbales

tambor
tambor

teclado
teclado

saxofone
saxofón

flauta
flauta

microfone
micrófono

zoológico
zoológico

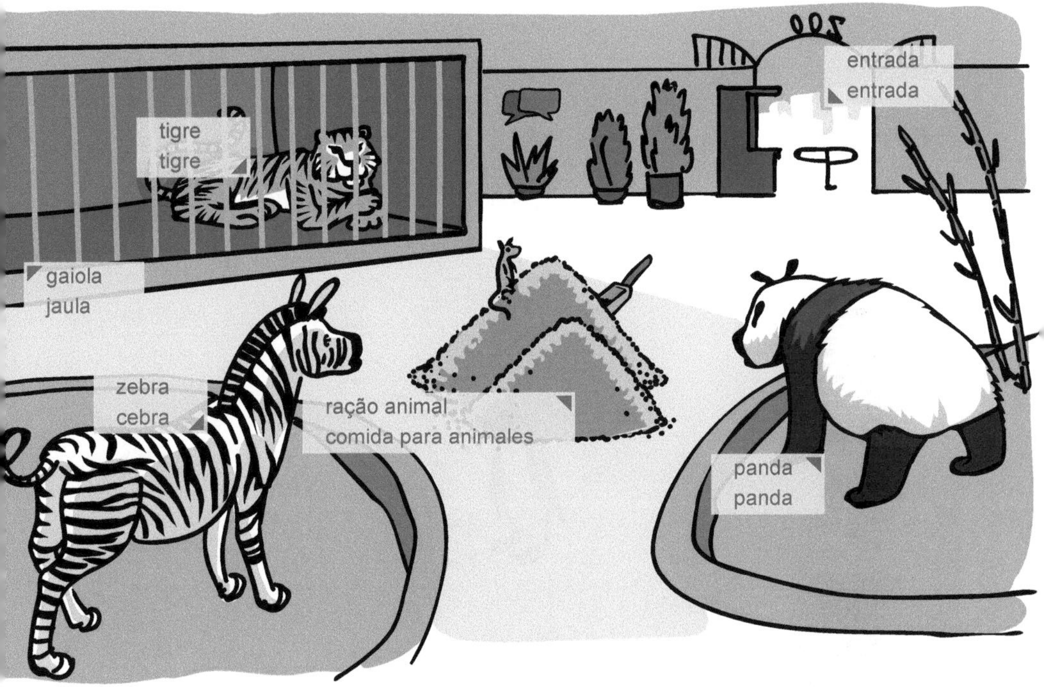

zoo
entrada
entrada
tigre
tigre
gaiola
jaula
zebra
cebra
ração animal
comida para animales
panda
panda

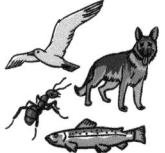

animais
animales

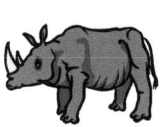

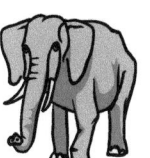

elefante
elefante

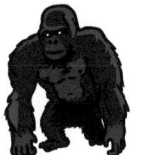

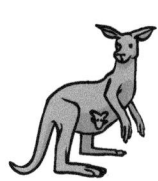

canguru
canguro

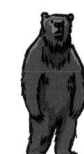

rinoceronte
rinoceronte

gorila
gorila

urso
oso

camelo

camello

avestruz

avestruz

leão

león

macaco

mono

flamingo

flamengo

papagaio

papagayo

urso polar

oso polar

pinguim

pingüino

tubarão

tiburón

pavão

pavo real

cobra

serpiente

crocodilo

cocodrilo

guarda do zoológico

cuidador del zoológico

foca

foca

jaguar

jaguar

zoológico - zoológico

pônei
pony

leopardo
leopardo

hipopótamo
hipopótamo

girafa
jirafa

águia
águila

javali
jabalí

peixe
pescado

tartaruga
tortuga

morsa
morsa

raposa
zorro

gazela
gacela

futebol americano
fútbol americano

ciclismo
ciclismo

tênis
tenis

basquete
baloncesto

natação
natación

hóquei no gelo
hockey sobre hielo

boxe
boxeo

futebol
fútbol

badminton
badminton

atletismo
atletismo

handebol
balonmano

esqui
esquí

polo
polo

rir
reír

pular
saltar

abraçar
abrazar

andar
caminar

cantar
cantar

sonhar
soñar

rezar
rezar

beijar
besar

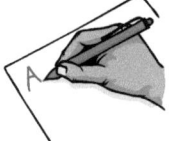

escrever
escribir

desenhar
dibujar

mostrar
mostrar

empurrar
presionar

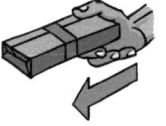

dar
dar

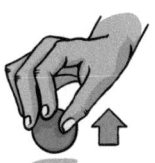

tomar
tomar

ter
....
tener

fazer
....
hacer

ser
....
ser

ficar de pé
....
estar de pie

correr
....
correr

puxar
....
tirar

jogar
....
arrojar

cair
....
caer

deitar
....
estar acostado

esperar
....
esperar

carregar
....
llevar

sentar
....
estar sentado

vestir
....
vestirse

dormir
....
dormir

despertar
....
despertar

atividades - actividades

olhar para

mirar

chorar

llorar

acariciar

acariciar

pentear

peinarse

falar

conversar

entender

entender

perguntar

preguntar

ouvir

oír

beber

beber

comer

comer

arrumar

asear

amar

amar

cozinhar

cocinar

dirigir

conducir

voar

volar

velejar

navegar

calcular

calcular

ler

leer

aprender

aprender

trabalhar

trabajar

casar

casarse

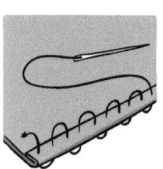

costurar

coser

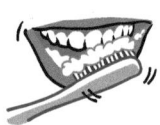

escovar os dentes

limpiarse los dientes

matar

matar

fumar

fumar

enviar

enviar

atividades - actividades

avó
abuela

avô
abuelo

pai
padre

mãe
madre

bebê
bebé

filha
hija

filho
hijo

convidado
invitado

tia
tía

tio
tío

irmão
hermano

irmã
hermana

família - familia

corpo

cuerpo

testa
frente
olho
ojo
ombro
hombro
dedo
dedo
rosto
cara
queixo
barbilla
mão
mano
peito
pecho
perna
pierna
braço
brazo

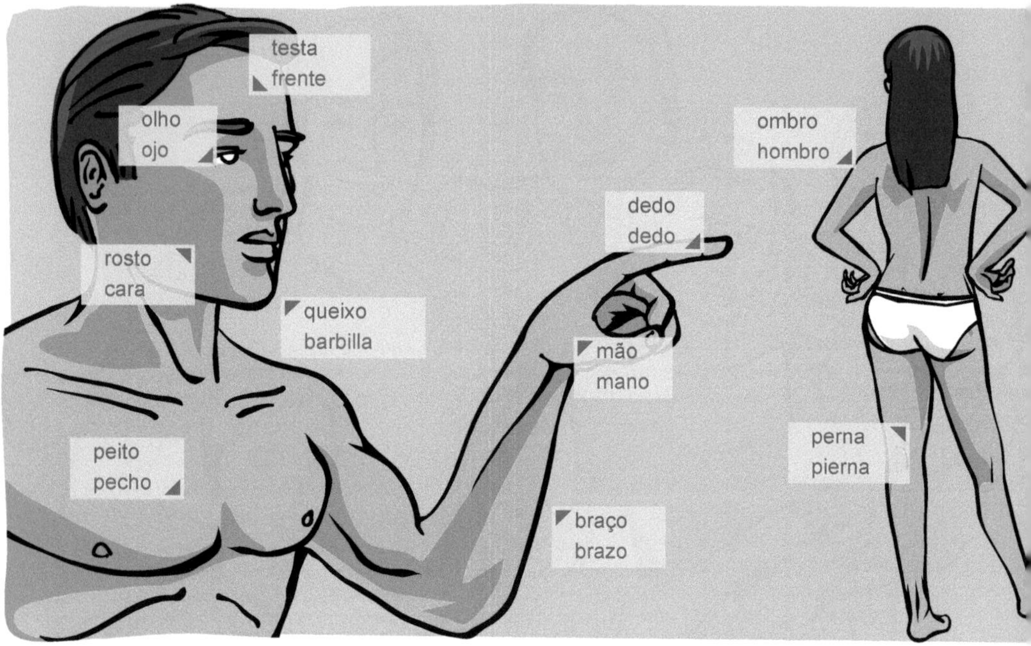

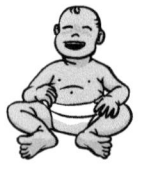

bebê
bebé

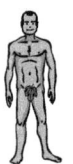

homem
hombre

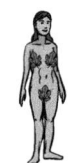

mulher
mujer

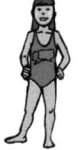

menina
muchacha

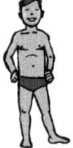

menino
joven

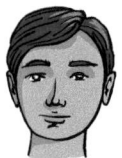

cabeça
cabeza

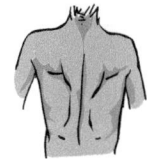

costas

espalda

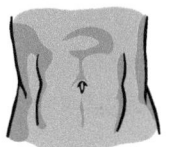

barriga

vientre

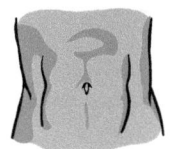

umbigo

ombligo

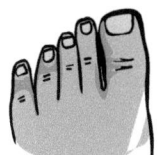

dedo do pé

dedo del pie

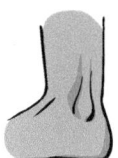

calcanhar

talón

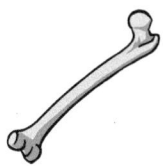

osso

hueso

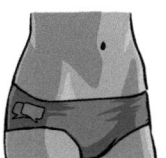

anca

cadera

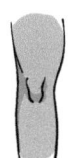

joelho

rodilla

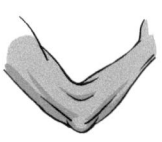

cotovelo

codo

nariz

nariz

nádegas

trasero

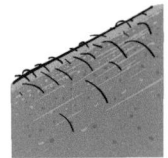

pele

piel

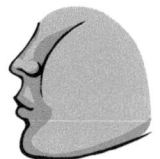

bochecha

mejilla

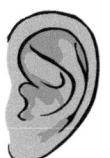

orelha

oreja

lábio

labio

boca

boca

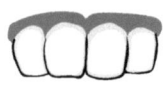

dente

diente

língua

lengua

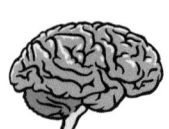

cérebro

cerebro

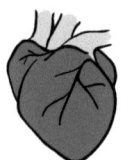

coração

corazón

músculo

músculo

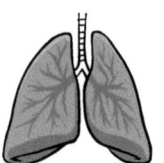

pulmão

pulmón

fígado

hígado

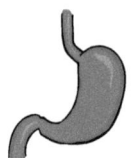

estômago

estómago

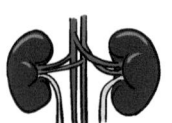

rins

riñones

relações sexuais

relación sexual

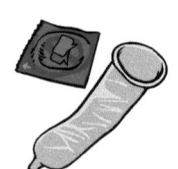

preservativo

condón

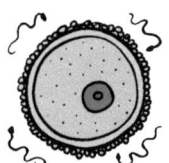

óvulo

Óvulo

esperma

esperma

gravidez

embarazo

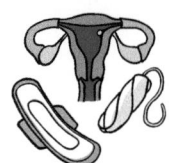

menstruação

menstruación

vagina

vagina

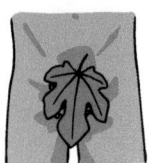

pênis

pene

sobrancelha

ceja

cabelo

cabello

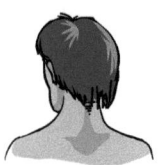

pescoço

cuello

hospital
hospital

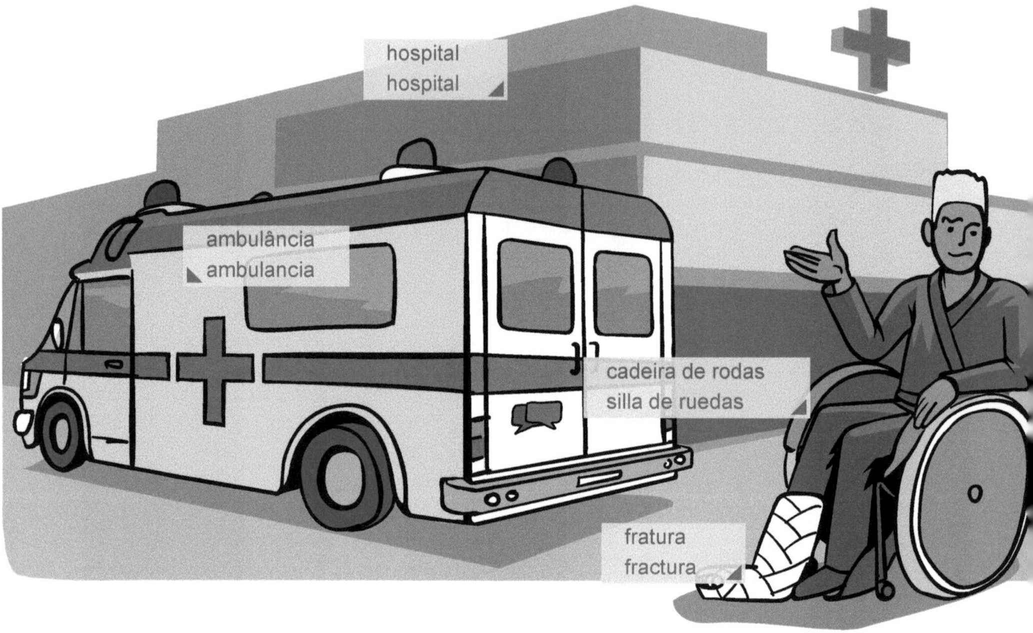

hospital
hospital
ambulância
ambulancia
cadeira de rodas
silla de ruedas
fratura
fractura

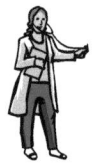

médico

médico

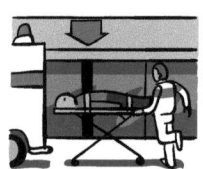

pronto-socorro

admisión de urgencia

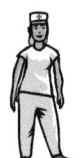

enfermeira

enfermera

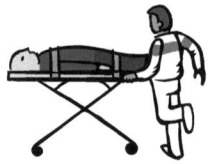

emergência

emergencia

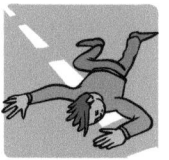

inconsciente

inconsciente

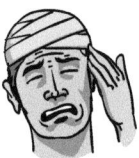

dor

dolor

ferimento

lesión

hemorragia

hemorragia

ataque cardíaco

infarto de miocardio

cidente vacular cerebral

apoplejía cerebral

alergia

alergia

tosse

tos

febre

fiebre

gripe

gripe

diarreia

diarrea

dor de cabeça

dolor de cabeza

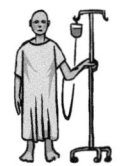

câncer

cáncer

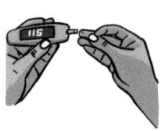

diabetes

diabetes

cirurgião

cirujano

bisturi

escalpelo

operação

operación

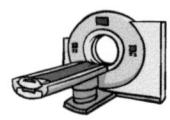

CT
TC

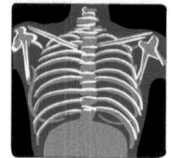

raio x
rayos X

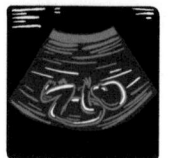

ultrassom
ultrasonido

máscara
máscara

doença
enfermedad

sala de espera
sala de espera

muleta
muleta

bandeide
emplasto

ligadura
vendaje

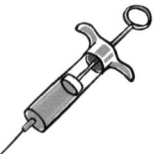

injeção
inyección

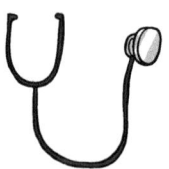

estetoscópio
estetoscopio

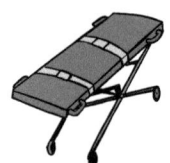

maca
camilla

termômetro
termómetro

nascimento
nacimiento

excesso de peso
sobrepeso

aparelho auditivo
audífono

desinfetante
desinfectante

infecção
infección

vírus
virus

HIV / AIDS
VIH / SIDA

medicamento
medicina

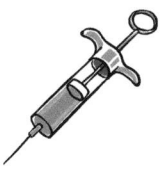

vacinação
vacunación

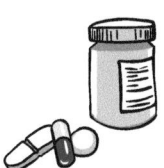

comprimidos
comprimido

pílula
píldora anticonceptiva

amada de emergência
amada de emergencia

dispositivo de medição de
pressão arterial
medidor de presión arterial

doente / saudável
enfermo / saludable

Socorro!

¡Ayuda!

alarme

alarma

assalto

asalto

ataque

ataque

perigo

peligro

saída de emergência

salida de emergencia

Fogo!

¡Fuego!

extintor de incêndios

extintor

acidente

accidente

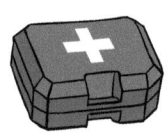

maleta de primeiros socorros

kit de primeros auxilios

SOS

SOS

polícia

Policía

Europa

Europa

América do Norte

América del Norte

América do Sul

América del Sur

África

África

Ásia

Asia

Austrália

Australia

Atlântico

Atlántico

Pacífico

Pacífico

Oceano Índico

Océano Índico

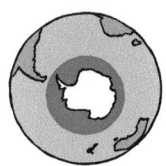

Oceano Antártico

Océano Antártico

Oceano Ártico

Océano Ártico

Polo Norte

Polo Norte

Polo Sul
Polo Sur

Antártica
Antártida

Terra
Tierra

terra
país

mar
mar

ilha
isla

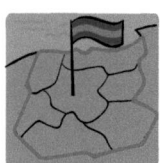

nação
nación

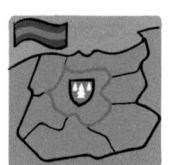

estado
Estado

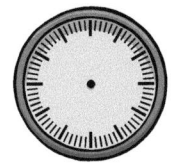

mostrador do relógio
cuadrante

ponteiro das horas
horario

ponteiro dos minutos
minutero

onteiro dos segundos
segundero

Que horas são?
¿Qué hora es?

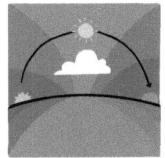

dia
día

tempo
tiempo

agora
ahora

relógio digital
reloj digital

minuto
minuto

hora
hora

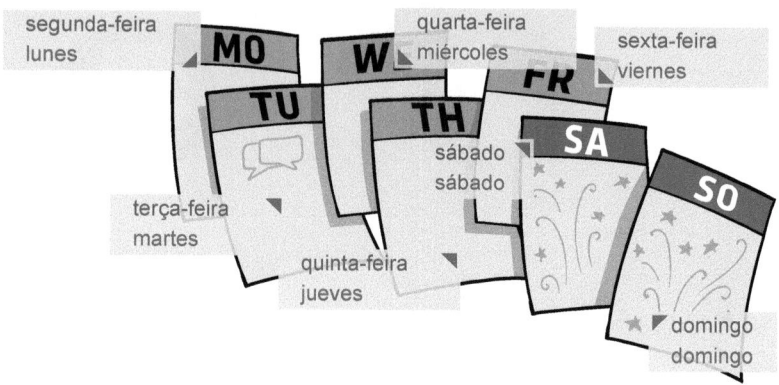

segunda-feira
lunes

quarta-feira
miércoles

sexta-feira
viernes

terça-feira
martes

quinta-feira
jueves

sábado
sábado

domingo
domingo

ontem

ayer

hoje

hoy

amanhã

mañana

manhã

mañana

meio-dia

mediodía

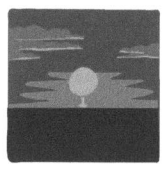

entardecer

tarde

dias úteis

jornada de trabajo

fim de semana

fin de semana

ano

año

chuva
lluvia
arco-íris
arco iris
neve
nieve
vento
viento
primavera
primavera
outono
otoño
verão
verano
inverno
invierno

4.APRIL 11°
5.APRIL 4°
6.APRIL 13°
7.APRIL 8°
8.APRIL 10°

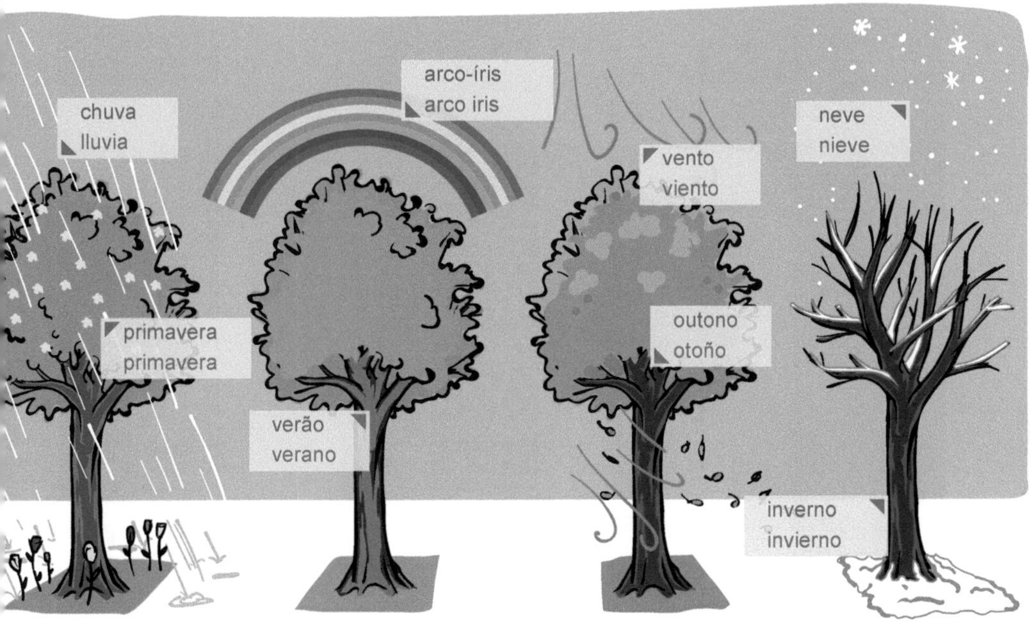

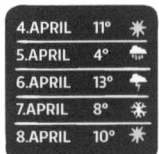

previsão do tempo

onóstico meteorológico

F
C
120
90
60
30
0
-30
40
30
20
10
0
-10
-20

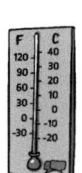

termômetro

termómetro

raio de sol

luz solar

nuvem

nube

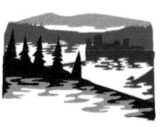

neblina / nevoeiro

niebla

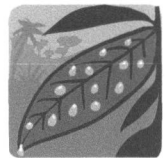

umidade do ar

humedad ambiente

relâmpago
relámpago

trovão
trueno

tempestade
tormenta

granizo
granizo

monção
monzón

inundação
inundación

gelo
hielo

janeiro
enero

fevereiro
febrero

março
marzo

abril
abril

maio
mayo

junho
junio

julho
julio

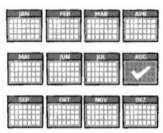

agosto
agosto

ano - año

setembro
....
septiembre

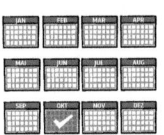

outubro
....
octubre

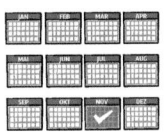

novembro
....
noviembre

dezembro
....
diciembre

círculo
....
círculo

quadrado
....
cuadrado

retângulo
....
rectángulo

triângulo
....
triángulo

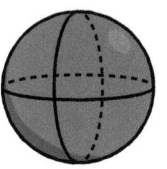

esfera
....
esfera

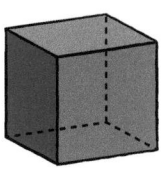

cubo
....
cubo

branco

blanco

amarelo

amarillo

laranja

anaranjado

rosa

rosa

vermelho

rojo

lilás

lila

azul

azul

verde

verde

marrom

marrón

cinza

gris

preto

negro

muito / pouco

mucho / poco

furioso / tranquilo

enojado / calmado

lindo / feio

bonito / feo

começo / fim

comienzo / fin

grande / pequeno

grande / pequeño

claro / escuro

claro / oscuro

irmão / irmã

hermano / hermana

limpo / sujo

limpio / sucio

completo / incompleto

completo / incompleto

dia / noite

día / noche

morto / vivo

muerto / vivo

largo / estreito

ancho / angosto

comestível / não comestível

disfrutable / no disfrutable

mau / gentil

malo / amigable

entusiasmado / entediado

excitado / aburrido

gordo / magro

gordo / delgado

primeiro / último

primero / último

amigo / inimigo

amigo / enemigo

cheio / vazio

lleno / vacío

duro / macio

duro / suave

pesado / leve

pesado / liviano

fome / sede

hambre / sed

doente / saudável

enfermo / saludable

ilegal / legal

ilegal / legal

inteligente / idiota

inteligente / tonto

esquerda / direita

izquierda / derecha

perto / longe

cercano / lejano

novo / usado
nuevo / usado

nada / alguma coisa
nada / algo

velho / jovem
viejo / joven

ligado / desligado
encendido / apagado

aberto / fechado
abierto / cerrado

baixo / alto
bajo / fuerte

rico / pobre
rico / pobre

certo / errado
correcto / incorrecto

áspero / liso
áspero / liso

triste / feliz
triste / alegre

curto / longo
breve / extenso

lento / rápido
lento / veloz

molhado / seco
mojado / seco

ameno / fresco
caliente / frío

guerra / paz
guerra / paz

números

0

zero

cero

1

um

uno

2

dois

dos

3

três

tres

4

quatro

cuatro

5

cinco

cinco

6

seis

seis

7

sete

siete

8

oito

ocho

9

nove

nueve

10

dez

diez

11

onze

once

12
doze
doce

13
treze
trece

14
quatorze
catorce

15
quinze
quince

16
dezesseis
dieciséis

17
dezessete
diecisiete

18
dezoito
dieciocho

19
dezenove
diecinueve

20
vinte
veinte

100
cem
cien

1.000
mil
mil

1.000.000
milhão
millón

inglês

inglés

inglês americano

inglés estadounidense

chinês mandarim

chino mandarín

hindi

hindi

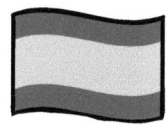

espanhol

español

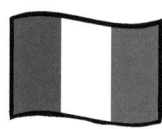

francês

francés

árabe

árabe

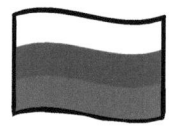

russo

ruso

português

portugués

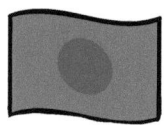

bengalês

bengalí

alemão

alemán

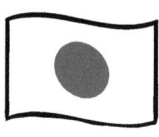

japonês

japonés

eu
yo

você
tú

ele / ela
él / ella

nós
nosotros

vocês
vosotros

eles / elas
ellos

quem?
¿quién?

O quê?
¿qué?

como?
¿cómo?

onde?
¿dónde?

Quando?
¿cuándo?

nome
nombre

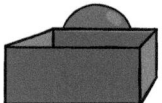

atrás
·················
detrás

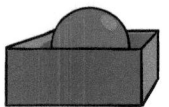

em
·················
en

na frente de
·················
delante de

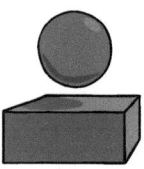

sobre
·················
encima de

em cima
·················
sobre

debaixo
·················
debajo de

do lado
·················
junto a

entre
·················
entre

lugar
·················
lugar